NICHTS

Weil du es dir gewünscht hast.

Von:...

Für:..

rafael.bettschart@gmail.com
Meraner Straße 1
10825 Berlin, Deutschland

Produktion und Veröffentlichung: Amazon KDP
ISBN: 9798761451766

Titel: NICHTS - für alle, die nichts wollen und sich nichts wünschen.
Autor: Rafael Bettschart

Dieses Werk befasst sich mit Nichts.

Mit Nichts ist aber nicht nichts gemeint, sondern Nichts - mit einem großen N.

Nichts ist also ein Hauptwort.

Doch was ist Nichts eigentlich?
Hat Nichts einen Ursprung?

**Manche Wissenschaftler behaupten,
dass am Anfang möglicherweise Nichts war.**

Die Bibel behauptet wiederum,
alle Dinge sind aus demselben gemacht
und ohne demselben ist Nichts gemacht,
was gemacht ist.

Verbindet man beide Ansätze, so könnte man annehmen, Nichts wurde im Jahre 13,8 Milliarden v.Chr. vom Schöpfer erfunden.

Angeblich verdankt er die grandiose Entdeckung des Nichts seinem Hund Ingeborg.

Als er einen Spaziergang Sonntagmorgens vollzog, merkte der Schöpfer, als seiner Dackellady ein Apfel auf den Kopf fiel, dass sein Hund dazu Nichts sagte.

Daraus schloss der Allmächtige, dass Nichts existieren musste. Um dies zu beweisen vollzog er ein wissenschaftliches Experiment.

Auf der Suche nach dem Nichts im Denkzentrum einer zweifelsohne hirnlosen Person, wie beispielsweise eines Darwin-Award Nominierten oder eines beliebigen Ostfriesen, gelang ihm der Nachweis tatsächlich ...

... er fand dort Nichts vor.

Große Vorkommen von Nichts registrierte er außerdem im Wahrheitsgehalt von Lügen, den Geldbörsen von Studenten sowie den Verkaufserlösen freischaffender Künstler.

Nach herkömmlicher Ansicht findet man Nichts ebenfalls in handelsüblichen Joghurtbechern oder Pizzakartons, nachdem diese zuvor geleert wurden.

**Hingegen wagt der Volksmund zu behaupten,
dass Nichts von Nichts käme.**

Entsprechend kommt Nichts entweder von Nichts, oder Nichts hat eben keinen Ursprung.

Umgangssprachlich hingegen wird Nichts als abstraktes und universelles Konzept verstanden, welches verschiedene Bedeutungsaspekte besitzt.

Entsprechend wird angenommen,
die Anwesenheit von Nichts sei eben Nichts.

Und es wird behauptet,
die Abwesenheit von Nichts sei Etwas.

Doch kann die Anwesenheit von Nichts auch Etwas sein?

Beispielsweise befindet sich hier Nichts.

Nichts links oben in der Ecke.

Nichts rechts unten in der Ecke.

Es wird ersichtlich,
dass Nichts nicht nichts ist,
sondern Nichts - also Etwas.

Schlussfolgernd ist nicht bloß die Abwesenheit von Nichts Etwas, sondern die Anwesenheit von Nichts ist ebenfalls Etwas.

Allerdings behauptet der berühmte Werbeslogan
von Toyota, Nichts ist unmöglich.

Allerdings arbeiten die Autoren dieses Werkes akribisch daran, dass Nichts möglich ist - zumindest in Buchform.

Aber was genau bedeutet dieses Nichts?

Der große Philosoph Platon definierte in seinem Werk Sophistes das Nichts als etwas Nichtseiendes. Dieses Nichts bestimmt er in einer längeren Argumentationskette als eine Verschiedenheit.

Entsprechend relativierte Platon die bis dato geltende Position vom absoluten Nichts, wobei Nichts einfach nur nichts sei.

Außerdem werden nach Nichts Eigenschaftswörter groß geschrieben …

Das Indefinitpronomen Nichts hingegen bedeutet in etwa „nicht irgend etwas“, also kein Ding, keine Sache, oder nicht das Mindeste.

Außerdem ist Nichts berühmt!

Schließlich kommt Nichts in der Filmreihe Die unendliche Geschichte vor.

Eine Band aus Düsseldorf nennt sich ebenfalls Nichts.

Sogar ein Spiegel-Bestseller Buch ist mit Nichts betitelt.

Eine dänische Autorin schrieb das besagte Werk. Auf Deutsch wurde das Buch Nichts um den Untertitel „Was im Leben wichtig ist" ergänzt.

Und wer Nichts auf Google sucht,
findet über 270.000.000 Treffer.

Im Übrigen heißt Nichts auf Schwedisch Ingenting.

Und Nichts auf Estnisch Ei midagi.

Außerdem verbindet Nichts die Menschen mehr als Garnichts.

Nichts hat auch eine starke Präsenz im Kosmos: Wissenschaftlichen Schätzungen zufolge besteht das Universum zu ca. 99,1 % aus Nichts.

Außerdem sind Null und Unendlich die mathematischen Pole des Nichts.

Doch wer Mathematik heranzieht, um Nichts zu teilen, wird schnell erkennen, dass Nichts nicht teilbar ist, wir dennoch alle Teilhaber sind.

Demgemäß ist Nichts allgegenwärtig:
die Armen haben es, die Reichen fürchten es.

Als Nichtsbesitzer gilt man gemeinhin als mittellos, weswegen eine Steuerbefreiung möglich ist und man entsprechend Nichts zahlen muss.

Denn allgemein wird man als Gewinner von Nichts als Verlierer aufgefasst, denn von Nichts kommt schließlich Nichts.

Wenn jemand sagt "Nichts ist so kostbar wie die Diamant", dann würde der Nichtsbesitzer beim Tausch ein gutes Geschäft machen.

Nichts für Ungut hingegen
ist ein schlechter Tausch.

Außerdem behauptet Georg Wilhelm Friedrich Hegel, dass reine Sein ist die reine Abstraktion und somit das Absolut-Negative, welches, gleichfalls unmittelbar genommen, das Nichts ist.

Denn für Hegel ist das Nichts der Gegenbegriff zum Sein.

**Aber wenn Nichts nicht sein würde,
würde dieser Satz hier nicht stehen.**

Außerdem ist Nichts die geheime Zutat der Nudelsuppe in Kung Fu Panda.

Und jemand, der Nichts isst, bleibt hungrig.

**Die weißen Griechen der Antike behaupteten,
Nichts ist überall dort, wo Nichts zu finden ist.**

Trotzdem beteuert der Volksmund,
Nichts ist wie es scheint, obwohl
Nichts nicht scheinen kann.

Außerdem ist „Du bist Nichts" eine unpassende Diffamierung des Gegenübers. Schließlich ist das Gegenüber zumindest Etwas, es sei denn, die Diskreditierung bezieht sich eben auf Nichts.

Ist es überhaupt möglich, sinnvoll über Nichts nachzudenken?

Denn Nichts denken geht nicht …

Und wer über Nichts nachdenkt,
ist ein wahrer Philosoph!

Beispielsweise beschäftigte sich der legendäre griechische Philosoph Sokrates ausgiebig mit Nichts.

Am Ende all seiner Überlegungen erkannte Sokrates, dass er Nichts wusste.

Allerdings ist das ergänzende „s“ an „nicht“ ein Übersetzungsfehler. Die Phrase „Ich weiß, dass ich Nichts weiß“ wird auf Altgriechisch „οἶδα οὐδὲν εἰδώς“ geschrieben - also ohne „s“.

Mit seiner Aussage behauptete Sokrates also nicht, dass er Nichts wusste. Vielmehr hinterfragte er das, was man zu wissen meinte.

Entsprechend denkt jemand,
der an Nichts denkt,
bereits an relativ viel.

Und am häufigsten kommt Nichts als Antwort auf die Frage, wenn Männer sich bei ihren Frauen erkundigen, was diese denn haben.

Und Nichts kann nach Quantität, Qualität, Relation und Modalität unterschieden werden.

**Beispielsweise hat jemand,
der quantitativ Nichts hat,
wirklich nichts.**

Hingegen kann,
wer qualitativ Nichts tut,
eine gute Zeit haben.

Und ein absolutes Nichts wird auch ein schlechthinniges Nichts genannt.

Ein schlechthinniges Nichts ist ein Modalbegriff der Metaphysik sowie der Schöpfungstheologie von Johannes Duns Scotus, welcher sich auf Nichtexistentes bezieht.

Entsprechend steht jemand, der vor dem Nichts steht, vor sehr vielen meist unangenehmen Tatsachen.

Plenismus hingegen ist
eine naturphilosophische Theorie,
nach der das reine Nichts nicht existiert.

**Doch Nichts kommt bekanntlich von Nichts,
also muss zumindest ein Nichts existiert haben.**

Alles was ist, ist also das Gegenteil von Nichts.
Selbst Bielefeld.

Denn wie bereits Leonardo da Vinci wusste, hat Nichts keine Mitte, und seine Grenzen sind das Nichts.

Dies gilt auch für die Schrift:
Nichts besteht aus sechs Buchstaben.
Dackel schon.

Übrigens hat Nichts zu viele oder zu wenige Buchstaben.

Und Nichts profitiert mehr von Etwas
als umgekehrt.

**Dennoch behaupten Nihilisten,
dass Nichts im Leben wichtig ist.**

Hingegen meinen Surrealisten wie René Magritte,
Nichts sei das einzig große Weltwunder.

Entsprechend ist unter den großen Dingen, die existenziell zu finden sind, das Sein des Nichts das Größte.

Wobei der Schriftsteller Joachim Ringelnatz meinte, sicher ist, dass Nichts sicher ist. Selbst das Nichts.

Außerdem ist Nichts-tun eine bewusste Tätigkeit.

Und es ist nie zu spät Nichts zu tun ...

Anders verhält es sich mit Eigentum:
Wer Nichts braucht, hat vermeintlich alles.

Und wer dieses Buch hat, der hat Nichts.

Hingegen hat, wer dieses Buch nicht hat, nicht Nichts. Auch wenn er tatsächlich nichts hat.

Allerdings sollte man Menschen, die Nichts haben, nicht unterschätzen. Schließlich haben sie Nichts zu verlieren.

Außerdem behaupteten im Zuge der DSGVO-Verordnungen viele Menschen, sie hätten Nichts zu verbergen - obwohl niemand Nichts verbergen kann.

Politiker hingegen zeigen gerne ihr Nichts, während sie in der Öffentlichkeit ihre Meinung kundtun.

Das Nichts bleibt also ein unerklärliches Etwas, welches Menschen mit bravourösen Mythen und Theologie zu füllen versuchten.

Beispielsweise meinen einige Religionen, die Welt sei aus dem Nichts entstanden.

Oder, wie der Philosoph Søren Kierkegaard behauptete, schaffe Gott alles aus Nichts und alles, was Gott gebrauchen will, mache er zuerst zu Nichts.

**Allerdings beharrt die katholische Kirche,
für Gott ist Nichts unmöglich.**

Entsprechend ist anzunehmen,
dass Gott nicht Nichts aus Nichts erschaffen kann,
wenn Nichts für ihn unmöglich ist.

Letztlich würde dies erklären, warum Gott Nichts tut.

Wobei Gott als ein solcher definiert wurde, dessen Nichts die ganze Welt erfüllt. Sein Etwas hingegen ist aber nirgends zu finden.

Theologisch gesehen könnte also die Abwesenheit Gottes mit Nichts gleichgesetzt werden.

Demzufolge ist man Gott am nächsten, wenn man Nichts tut, Nichts sagt und Nichts hat.

Also könnte Nichts neben 42 die einzig relevante Antwort auf die Frage nach dem Sinn des Lebens sein.

Der Autor

Rafael Bettschart, geb. 23.04.1989 - Autor mehrerer Bücher, Produzent weniger Filme und Träger medialer Preise. Er ist Creative Director in der Medienbranche und leidenschaftlicher Satiriker. Als selbsternannter Alltagsphilosoph wünscht er sich nichts inniger, als seine Texte aufs Papier zu bringen und seinen Leserinnen und Lesern ein Lächeln ins Gesicht zu zaubern. Ein Win-Win sozusagen.

www.rafaelbettschart.com

Finde Rafael auf Social Media

Weitere Werke

Printed in Germany
by Amazon Distribution
GmbH, Leipzig

25131299R00061